Legamus! PLUS

1 Lateinisches Lesebuch
Arbeitsheft

Herausgegeben und erarbeitet von Volker Berchtold
und Michael Hotz

Cornelsen

Legamus! PLUS

1 Lateinisches Lesebuch
Arbeitsheft

Herausgegeben und erarbeitet von Volker Berchtold und Michael Hotz auf der Grundlage von **Legamus!** Lateinisches Lesebuch 1 – Arbeitsheft, herausgegeben von Michael Hotz, Matthias Lausmann und Sven Lorenz unter Mitarbeit von Gerhard Müller, Robin Pantke und Robert Reisacher

Redaktion: Martin Fruhstorfer, Leipzig

Umschlaggestaltung und Layoutkonzept: Studio SYBERG, Berlin
Bildnachweis Cover: Shutterstock/Kamira; Shutterstock/Gilmanshin; Bridgeman Images
Layout und technische Umsetzung: Wladimir Perlin (MeGA 14)

www.cornelsen.de

1. Auflage, 1. Druck 2021

Alle Drucke dieser Auflage sind inhaltlich unverändert und können im Unterricht nebeneinander verwendet werden.

Druck: Athesiadruck GmbH

ISBN 978-3-637-02841-8

PEFC
PEFC/18-31-166

PEFC zertifiziert
Dieses Produkt stammt aus nachhaltig bewirtschafteten Wäldern und kontrollierten Quellen.

www.pefc.de

Liebe Schülerin, lieber Schüler,

herzlich willkommen im Arbeitsheft zu „LEGAMUS! Plus 1“!

Wie du beim Durchblättern des Lesebuches bemerkt hast, erwarten dich dieses Jahr drei Themenbereiche: spannende, lehrreiche und schöne Geschichten, Texte zu Macht und Politik sowie mit spitzer Feder verfasster Spott. Die Texte stammen aus einem Zeitraum, der mehr als 1500 Jahre umfasst, und zeigen auch den Wandel der lateinischen Sprache. Damit du dafür ausreichend gerüstet bist, wurde das vorliegende Arbeitsheft konzipiert.

In fünf Kapiteln bietet es dir eine intensive Wiederholung wichtiger Grammatikphänomene aus der Spracherwerbsphase der letzten Jahre, die du zur Bearbeitung und erfolgreichen Lektüre des Lesebuches beherrschen solltest. Die Handhabung ist denkbar einfach: In der Verweisleiste am Fuß der Seiten des Lesebuches findest du einzelne Grammatikthemen, die für das Verständnis des gerade behandelten lateinischen Textes relevant sind. Eine Seitenangabe verweist auf das jeweilige Wiederholungskapitel im Arbeitsheft, in dem du konsequent dein Vorwissen überprüfen und ggf. auch erweitern kannst. Die Übungen innerhalb der einzelnen Kapitel sind dabei nach Schwierigskeitsgrad angeordnet, sodass die Aufgaben nach ersten einfachen Grundwissensaufgaben (Formenwiederholung und -bestimmung) zunehmend anspruchsvoller werden. Auf diese Weise wirst du schrittweise mit dem nötigen Handwerkszeug zur Übersetzung der lateinischen Texte ausgestattet.

Inhaltlich sind die Aufgaben dabei nicht an die dazugehörigen Textstellen des Lesebuches gebunden, sondern bewusst so gestaltet, dass du die Übungen bewältigen kannst, ohne den dazugehörigen Text gelesen zu haben. Somit können Grammatik und Übungen auch völlig unabhängig vom aktuell gelesenen Autor im Unterricht wiederholt und erarbeitet werden.

Ein Lösungsteil am Ende des Arbeitsheftes hilft dir beim abschließenden Überprüfen deiner Ergebnisse.

Auf diese Weise hoffen wir, dir noch einmal die wichtigsten Grammatikstoffe der letzten Jahre kompakt, intensiv und praxisorientiert nahezubringen – und wünschen, dass du davon auch für deine weitere Schulzeit im Lateinunterricht profitieren wirst.

Das Verfasserteam

Inhalt

Im Folgenden sind die Textstellen bzw. **Seiten im Schülerband** aufgeführt, auf denen das jeweilige Grammatikthema vorkommt.

1 Verben

1.1 Verbformen

1.2 *velle/nolle/malle*

1.3 Indikativ und Konjunktiv in Nebensätzen

1.4 Konjunktiv in Hauptsätzen

1.5 Indirekte Rede *(oratio obliqua)*

2 Nominalformen

2.2 Steigerung von Adjektiven und Adverbien

2.3 Pronomina

3 Kasusfunktionen

3.1 Funktionen des Genitivs

3.2 Funktionen des Dativs

3.3 Funktionen des Ablativs

4 Partizipien und Partizipialkonstruktionen

10	Phaedrus, *fab* 1.1
18	Vulgata, *Gen* 2.7–25
20	Vulgata, *Gen* 37.3–28
32	Gesta, 107
34	Gesta, 107
44	Vespucci, *mund. nov.* 4
64	Nepos, *Hann.* 5.1–4
66	Nepos, *Hann.* 6.1–7.1
68	Nepos, *Hann.* 7.4–7
92	Caesar, *BG* 1.8
100	Caesar, *BG* 1.27–28.2
102	Caesar, *BG* 4.25
108	Caesar, *BG* 7.4
112	Caesar, *BG* 7.7
142	Martial, 4.41

5 *nd*-Formen: Gerund und Gerundiv

20	Vulgata, *Gen* 37.3–28
22	Vulgata, *Gen* 41.17–31
68	Nepos, *Hann.* 7.4–7
94	Caesar, *BG* 1.11
140	Martial, 9.91

1 Verben

1.1 Verbformen: Präsensstamm/Perfektstamm

1 **a** Ordne die folgenden Verbformen nach Formen des Präsensstamms und Formen des Perfektstamms und trage sie in die beiden Tabellen ein. Gib zu jedem Verb auch den jeweiligen Stamm und den Infinitiv Präsens Aktiv (die Lernform) an. Übersetze diesen mündlich.

~~amabunt~~ | ~~cognovistis~~ | damnavisse | iudicari | miseram | regebamur | sciverit | terres

	Präsens	**Imperfekt**	**Futur I**	**Infinitiv Präsens**
Formen des Präsensstamms			amabunt	
Präsensstamm			ama-	
Infnitiv Präsens Aktiv			amare	

	Perfekt	**Plusquamperfekt**	**Futur II**	**Infinitiv Perfekt**
Formen des Perfektstamms	cognovistis			
Perfektstamm	cognov-			
Infnitiv Präsens Aktiv				

b Wandele alle Formen vom Aktiv ins Passiv bzw. vom Passiv ins Aktiv um.

Präsensstamm und Perfektstamm

Die meisten lateinischen Verbformen werden mit den Präsensstamm oder dem Perfektstamm gebildet. Damit du zu jedem Verb diese beiden Stämme kennst, lernst du die Stammformen.

Aus dem Infinitiv Präsens und der 1. Person Singular Präsens erkennst du den **Präsensstamm:**

Formen des Präsensstamms: habēre, habeō, ...

- Präsens (Indikativ und Konjunktiv, Aktiv und Passiv)
  z. B. **habet, habeat – habētur, habeātur**
- Imperfekt (Indikativ und Konjunktiv, Aktiv und Passiv)
  z. B. **habēbat, habēret – habēbātur, habērētur**
- Futur I (Aktiv und Passiv)
  z. B. **habēbit – habēbitur**
- Infinitiv Präsens (Aktiv und Passiv)
  habēre – habērī

Aus der 1. Person Singular Perfekt erkennst du den **Perfektstamm:**

Formen des Perfektstamms: ..., habuī, ...

- Perfekt Aktiv (Indikativ und Konjunktiv)
  z. B. **habuit, habuerit**
- Plusquamperfekt Aktiv (Indikativ und Konjunktiv)
  z. B. **habuerat, habuisset**
- Futur II Aktiv
  z. B. **habuerit**
- Infinitiv Perfekt Aktiv
  habuisse

Die Formen des Präsensstamms unterscheiden Aktiv und Passiv durch das Anhängen unterschiedlicher Endungen. Der Perfektstamm bildet dagegen nur Aktivformen. Das Passiv zu den Formen des Perfektstamms wird gebildet, indem das **Partizip Perfekt Passiv** mit Formen von **esse** kombiniert wird:

Passiv zu den Formen des Perfektstamms: ..., habitum

- Perfekt Passiv (Indikativ und Konjunktiv)
  z. B. **habitum est, habitum sit**
- Plusquamperfekt Passiv (Indikativ und Konjunktiv)
  z. B. **habitum erat, habitum esset**
- Futur II Passiv
  z. B. **habitum erit**
- Infinitiv Perfekt Passiv
  habitum esse

2 **a** Trage die Formen von *monere* in die folgende Tabelle ein. Ergänze die freibleibenden Felder selbstständig. Wenn du dir nicht sicher bist, schlage die Formen in deiner Grammatik nach.

monuerat | monuerit (3×) | monuit

monēre	Präs.	Impf.	Fut. I	Perf.	Plusq.	Fut. II
Indikativ	moneo	monebam	monebo	monui	monueram	monuero
Konjunktiv	moneam	monerem	/	monuerin	monuissen	/

b Vervollständige nun die folgenden beiden Tabellen mit den entsprechenden Formen von vocāre, dīcere, audīre und capere.

vocāre	Präs.	Impf.	Fut. I	Perf.	Plusq.	Fut. II
Indikativ						
Konjunktiv						

dīcere	Präs.	Impf.	Fut. I	Perf.	Plusq.	Fut. II
Indikativ	dico	dicebam	dicam	dixi	dixeram	dixero
Konjunktiv	dicam	dicerem	/	dixerim	dixissen	/

audīre	Präs.	Impf.	Fut. I	Perf.	Plusq.	Fut. II
Indikativ						
Konjunktiv						

capere	Präs.	Impf.	Fut. I	Perf.	Plusq.	Fut. II
Indikativ	capo	capicen	ca			
Konjunktiv	capam	caperem				

3 Ergänze in der folgenden Tabelle die fehlenden Infinitive. Gib jeweils eine Bedeutung des Infinitiv Präsens Aktiv an.

deutsch	Infinitiv Präsens Aktiv	Infinitiv Präsens Passiv	Infinitiv Perfekt Aktiv	Infinitiv Perfekt Passiv
anschauen	aspicere	aspici	aspexisse	aspectum esse
		duci		
	existimare			
			mansisse	
				sensum esse
		tradi		

4 Setze die Aktivformen ins Passiv und umgekehrt. Übersetze jeweils die neu gebildete Form (gib dabei die Konjunktive als Indikativ wieder).

ducebat ______________________

erudio ______________________

expositi sunt ______________________

iudicavimus ______________________

laudatus esses ______________________

movear ______________________

nuntiatum sit ______________________

opprimetur ______________________

regimur ______________________

servirent ______________________

Das Futur I

Die Bildung des Futur I unterscheidet sich in den verschiedenen Konjugationsklassen stärker als bei den übrigen Tempora.

Das **Futur I** Aktiv wird zumeist mit den folgenden Tempuszeichen gebildet:

- **-bō** (1. Pers. Sg.), **-bi-**, **-bunt** (3. Pers. Pl.): a- und e-Konjugation; **īre** (und Komposita von **īre**)
- **-am** (1. Pers. Sg.), **-e-**: i-Konjugation, konsonantische Konjugation (auch mit i-Erweiterung); **ferre, velle** und **nōlle**
- **esse** bildet das Futur I über die Formen **erō, eris, erit,** ...

Das **Passiv des Futur I** wird wie bei allen Formen des Präsensstamms dadurch gebildet, dass die passenden Passivendungen für die einzelnen Personen (**-r**, **-ris**, **-tur**, **-mur**, **-minī**, **-ntur**) angehängt werden.

Achtung! Vergleiche vor der Erledigung der nächsten Aufgabe in deiner Grammatik die Formen der **2. Person Passiv in Futur I und Präsens** in den verschiedenen Konjugationsklassen.

5 Präsens, Imperfekt oder Futur I? Gerade die Formen des Präsensstamms werden oft verwechselt. Trage die folgenden Verbformen in die Tabelle ein und gib jeweils den Infinitiv Präsens an. Einige Formen sind mehrdeutig und müssen also in mehrere Zeilen eingetragen werden.

~~adibit~~ | ~~agam~~ | amabis | bibimus | debeam | diceris | dolebis | ero | feres | habemini | iacebas | manet | praeberes | quaeretur | redeamus | rogaberis | scribo | videris

Indikativ Präsens	
Konjunktiv Präsens	agam – agere,
Indikativ Imperfekt	
Konjunktiv Imperfekt	
Futur I	adibit – adire, agam – agere,

Deponentien und Semideponentien

Deponentien sind Verben, die passivische Formen haben, aber aktivisch verwendet und übersetzt werden. Sie haben also ihre passivische Bedeutung „abgelegt" (**dēpōnere:** *ablegen*). Vergleiche die Stammformen eines „normalen" Verbs (**putāre**) mit denen eines fast bedeutungsgleichen Deponens (**arbitrārī**):

putāre	**putō**	**putāvī**	**putātum**
glauben	*ich glaube*	*ich habe geglaubt*	*geglaubt*
arbitrārī	**arbitror**	**arbitrātus sum**	

Die meisten **Semideponentien** haben allein im Perfektstamm passivische Formen. Die Bedeutung bleibt jedoch aktivisch:

audēre	**audeō**	**ausus sum**
wagen	*ich wage*	*ich habe gewagt*
cōnfīdere	**cōnfīdō**	**cōnfīsus sum**
vertrauen	*ich vertraue*	*ich habe vertraut*
gaudēre	**gaudeō**	**gāvīsus sum**
sich freuen	*ich freue mich*	*ich habe mich gefreut*
solēre	**soleō**	**solitus sum**
gewohnt sein	*ich bin gewohnt*	*ich war gewohnt*

6 Bilde zu den folgenden Deponentien und Semideponentien die entsprechenden Formen von „normalen" Verben ähnlicher Bedeutung. Behalte also Person, Numerus und Tempus bei.

arbitrantur *(putare)* ____________________

conatus sum *(temptare)* ____________________

confisi estis *(fidem dare)* ____________________

cunctabamini *(dubitare)* ____________________

experiemur *(temptare)* ____________________

largiti eramus *(donare)* ____________________

polliciti essetis *(promittere)* ____________________

precaberis *(rogare)* ____________________

ratus sim *(existimare)* ____________________

vereremur *(timere)* ____________________

7 Ergänze die entsprechenden Formen des Perfektstamms bzw. Präsensstamms (Präsens ↔ Perfekt; Imperfekt ↔ Plusquamperfekt; Futur I ↔ Futur II; Infinitiv Präsens ↔ Infinitiv Perfekt). Behalte jeweils Person, Numerus und Genus Verbi bei.

Formen des Präsensstamms	Formen des Perfektstamms
aedificant	aedificaverunt
	captum esse
defendimus	
	extuleratis
fateris	
geris	
	soliti erunt
	suasisti
	tacuerint (2×)
utemur	

8 Ordne die Konjunktivformen in die jeweils richtige Tempusspalte ein.

sederet | vicissemus | vererentur | experiar | missi sint | velim | arbitretur | fuerint | audiveris | rati essetis | potuisses | facerent

Präsens	Imperfekt	Perfekt	Plusquamperfekt

1.2 velle, nolle, malle

1 Ordne die Formen von *velle* (wollen) und *nolle* (nicht wollen) in die farbig markierten Felder der Tabellen ein. Ergänze dann die fehlenden Formen von *velle* und *nolle*. So erhältst du das vollständige Konjugationsschema dieser Verben.

volebas | velles | nolim | nolebat | nollent | velim | non vult | nolo | volunt | volo | nolimus

	Indikativ Präsens			Konjunktiv Präsens		
	velle	**nolle**	**malle**	**velle**	**nolle**	**malle**
1. Pers. Sg.			mal_			mali_
2. Pers. Sg.			mav__			mal__
3. Pers. Sg.			ma____			ma___
1. Pers. Pl.			mal____			mal____
2. Pers. Pl.			mavult__			mali___
3. Pers. Pl.			ma____			ma____

	Indikativ Imperfekt			Konjunktiv Imperfekt		
	velle	**nolle**	**malle**	**velle**	**nolle**	**malle**
1. Pers. Sg.			maleba_			malle_
2. Pers. Sg.			maleb__			
3. Pers. Sg.			mal____			
1. Pers. Pl.						
2. Pers. Pl.						
3. Pers. Pl.						

2 Die Formen des Verbs *malle* (lieber wollen) sind ebenfalls von *velle* abgeleitet (zusammengesetzt aus *magis* + *velle*). In der Tabelle auf der vorigen Seite sind sie teilweise und unvollständig eingetragen. Vervollständige die Formen und kontrolliere deine Lösungen.

3 Das Verb *velle* bildet auch die Formen des Futur I. Wie bei den Verben der konsonantischen Konjugation ist das Zeichen für das Futur I ***-e-*** und in der 1. Person Singular: ***-a-*** (vgl. S. 8). Trage nun die Formen des Futur I in die Tabelle ein. Kontrolliere anschließend deine Lösungen.

velle	**1. Pers. Sg.**	vol____	**1. Pers. Pl.**	vol____
	2. Pers. Sg.	vol____	**2. Pers. Pl.**	vol____
	3. Pers. Sg.	vol____	**3. Pers. Pl.**	vol____

4 Die Perfektstämme von *velle, nolle* und *malle* lauten *volu-, nolu-* und *malu-*. Ordne die folgenden Formen des Perfektstamms den Bestimmungen zu und vervollständige diese dabei.

- noluit
- maluissent
- maluero
- volueras
- voluerunt
- maluerant
- noluistis

- 1. Person Singular ____________________
- 2. Person Singular Indikativ Plusquamperfekt
- 2. Person Plural Indikativ ____________________
- 3. Person Singular ____________________ Perfekt.
- 3. Person Plural Indikativ Perfekt
- 3. Person Plural Konjunktiv ____________________
- 3. Person Plural ____________________ Plusquamperfekt.

5 Ordne die im Kasten aufgeführten Formen von *velle, nolle* und *malle* den Beispielsätzen so zu, dass sie zu den deutschen Übersetzungen passen.

velim | mavult | vis | noluit

1 Quid amplius __________? – Was willst du mehr?

2 Servire quam pugnare __________. – Er will lieber dienen als kämpfen.

3 Non parere __________. – Er wollte nicht ungehorsam sein.

4 Quaeris, qualem librum __________? – Du fragst, was für ein Buch ich will?

6 Übersetze die folgenden kurzen Sätze ins Deutsche.

1 Multa fiebant, quae tu volebas.

2 Exire ex urbe volo.

3 Divitias volebant.

4 Me videre noluit.

5 Faciam, quod vultis.

6 Homines malunt exempla quam verba.

7 Der Imperativ von *nolle (noli! nolite!)* drückt zusammen mit einem folgenden Infinitiv einen verneinten Befehl aus, z. B. *Noli abire!* – Geh nicht weg!
Verneine auf diese Weise die folgenden Imperative und übersetze sie.

Cessate!

Dole!

Properate!

Audi!

8 *Velle* und *nolle* bilden auch Partizipien. Finde eine wörtliche Übersetzung für die sprichwörtliche Wendung ***nolens volens*** und kreuze an, was genau damit ausgesagt werden soll.

- ☐ gegen den ausdrücklichen Wunsch
- ☐ ob man will oder nicht
- ☐ wenn man sagen darf, was man will
- ☐ wider besseres Wissen

1.3 Indikativ und Konjunktiv in Nebensätzen

1.3.1 Indikativ und Konjunktiv in Adverbialsätzen

1 Adverbialsätze werden durch Subjunktionen eingeleitet, die verschiedene Sinnrichtungen ausdrücken. Fülle die folgende Tabelle aus, indem du zu den einzelnen Subjunktionen jeweils die Übersetzung und den dazugehörigen Modus, ggf. auch das Tempus, ergänzt.

	Modus	**Übersetzung**
temporale Sinnrichtung		
cum		(zu der Zeit) als
		als plötzlich
	Konjunktiv	
postquam		
priusquam		
simul		
ubi		
dum	Indikativ Präsens	
	Indikativ	
kausale Sinnrichtung		
quia		weil
quod		
cum		
konditionale Sinnrichtung		
si		
nisi		

konsekutive Sinnrichtung		
ut	Konjunktiv	
ut non	Konjunktiv	
finale Sinnrichtung		
ut*		
ne*		
adversative Sinnrichtung		
cum		
konzessive Sinnrichtung		
quamquam	Indikativ	
cum		
quamvis		
etsi	Indikativ	

*ut/ne nach Verben des Fürchtens

Nach Verben des Fürchtens und Hinderns werden die Subjunktionen *ut/ne* in umgekehrter Bedeutung gebraucht:

Timeo, **ne** urbem relinquas.	*Ich fürchte,* ***dass*** *du die Stadt verlässt.*
Vereor, **ut** redeas.	*Ich fürchte,* ***dass*** *du* ***nicht*** *zurückkehrst.*
Periculum est, **ne** oppugneris.	*Es besteht Gefahr,* ***dass*** *du angegriffen wirst.*
Periculum est, **ut** (oder: **ne non**) serveris.	*Es besteht Gefahr, dass du nicht gerettet wirst.*
Statt **ut** kann auch **ne non** stehen:	*Vereor,* ***ne non*** *redeas.* *Periculum est,* ***ne non*** *serveris.*

2 Übersetze die folgenden Sätze.

1 Metuebat, ne id accideret.

____

2 Romani veriti sunt, ne hostes ad urbem pervenirent.

____

3 Summum periculum est, ne hostes nos vincant.

____

4 Timuistis, ut vos e manibus hostium liberaremus.

____

5 Vereor, ne pater meus morbo gravi affectus sit.

____

3 Einige Subjunktionen stehen auch in häufig vorkommenden Wendungen oder nach bestimmten Verben. Ordne folgenden Ausdrücken die dazugehörige Übersetzung zu.

accidit, ut	es trifft sich schlecht, dass
timere, ne	versuchen, ob
fit, ut	fürchten, dass
conari, si	es ereignet sich, dass
male accidit, quod	sich weigern, dass
vereri, ne	es geschieht, dass
recusare, ut	fürchten, dass

4 Wähle die passende Subjunktion aus und markiere sie. Achte dabei auf den jeweiligen Modus des dazu gehörigen Verbs. Übersetze anschließend.

1 Hostes timore perterriti sunt, **ut – ne** morirentur.

2 **Cum – Ne** urbs ab hostibus capta esset, cives fuga salutem petiverunt.

3 Galli a Caesare petiverunt, **ut – ne** per provinciam Romanam iter facere possent.

4 **Quamquam – Cum** cives urbem fortiter defendebant, hostes eam ceperunt.

5 Rex verebatur, **ut – ne** id accideret.

6 Hannibal, **cum – ut** videret se ab hostibus circumdatum[1] esse, statuit de vita decedere.

7 Murus tam altus erat, **ut – cum** hostes oppidum expugnare[2] non possent.

8 Fugiamus, **quod – ne** hostes sciant, ubi simus!

9 Audi, **ut – cum** aliquid novi discas!

[1] **circumdare** *(Perf.: circumdedī)* umzingeln | [2] **expūgnāre** erobern

1.3.2 Indikativ und Konjunktiv in Relativsätzen

Der Modus der Relativsätze

Relativsätze stehen zumeist im Indikativ. Steht ein Relativsatz im Konjunktiv, kann das mehrere Gründe haben:

- Der Relativsatz hängt von einem übergeordneten Satz im Konjunktiv bzw. einer Infinitivkonstruktion (AcI, NcI) ab. In diesem Fall spricht man von einem obliquen Konjunktiv.
  Die Übersetzung erfolgt in der Regel mit deutschem Indikativ:
  E servo quaesivit, cur laborem, quem suscepisset, non perfecisset.
  Er fragte den Sklaven, warum er die Arbeit, die er aufgenommen hatte, nicht beendet hatte.

- Der Relativsatz trägt eine gewisse **Sinnrichtung** in sich. In diesem Fall spricht man von einem **Relativsatz mit konjunktivischem Nebensinn.** Folgende Arten des Nebensinns sind häufig:

  – finaler Nebensinn: Ausdruck eines Zwecks oder einer Absicht: Wiedergabe im Deutschen mit soll/sollte oder einem Finalsatz:
  Hostes legatos ad Caesarem miserunt, qui dicerent ...
  Die Feinde schickten Gesandte zu Caesar, die sagen sollten/damit diese sagten ...

  – konsekutiver Nebensinn: Ausdruck einer Folge oder Folgerung: Diese ist oft nicht deutlich zu erkennen. In diesen Fällen kann dir die Hilfsübersetzung ... *der/die/das so beschaffen ist, dass* ... nützlich sein.

  Regelmäßig steht der Konjunktiv bei Ausdrücken wie

sunt, qui ...	*es gibt Leute, die ...*
nemo est, qui ...	*es gibt niemanden, der ...*
quis est, qui ...?	*wen gibt es, der ...?*
(non) (is) sum, qui ...	*ich bin (k)einer, der (so beschaffen ist, dass) ...*

  und bei den Adjektiven **dignus** *(würdig)* und **indignus** *(unwürdig)*:
  Te dignum iudico, qui ad rem publicam accedas.
  Ich halte dich für geeignet, die politische Laufbahn einzuschlagen./
  Ich halte dich für (so) geeignet, dass du die politische Laufbahn einschlägst.
  Non is sum, qui mortis periculo terrear.
  Ich bin keiner, der von Todesangst befallen wird.
  (Ich bin keiner, der so beschaffen ist, dass er von Todesangst befallen wird.)

  – kausaler Nebensinn: Ausdruck eines Grundes: Übersetzt werden kann er als Kausalsatz oder mit Partikeln wie „ja":
  Caesar Germanos admirabatur, qui cum Belgis bellum gererent.
  Caesar bewunderte die Germanen, weil sie mit den Belgern Krieg führten / die ja mit den Belgern Krieg führten.

5 Unterstreiche in den folgenden Sätzen sämtliche Konjunktive und entscheide anhand der Regeln, wo es sich in den Relativsätzen um einen obliquen Konjunktiv handelt und wo um einen Relativsatz mit konjunktivischem Nebensinn. Begründe deine Antwort und übersetze anschließend mündlich.

	obliquer Konjunktiv	Nebensinn
1 Comites nostros dimisimus, qui servos emerent.		
2 Nemo est, qui hoc nesciat.		
3 Factum est, ut rex, qui cives male regeret, ab eis accusaretur[1].		
4 Quis est, qui neget Caesarem imperatorem magnum fuisse.		
5 Milites fortes digni sunt, qui ab imperatore laudentur.		
6 Sunt, qui contendant multos homines incendio exstinctos esse.		
7 Milites, qui fortiter pugnavissent, ab imperatore laudati sunt.		

6 Ordne die folgenden Relativsätze einer Sinnrichtung zu und übersetze die Sätze dementsprechend.

	Sinnrichtung		
	final	konsekutiv	kausal
1 Beati sunt discipuli, qui talem magistrum habeant.			
2 Erant itinera duo, quibus Helvetii domo exire possent.			
3 Filius verba dixit, quae patrem moverent.			
4 Legatos misit, qui veniam peterent.			
5 Dominus servos, qui semper paruissent, auro et beneficiis affecit.			

[1] **accūsāre** anklagen

1.4 Konjunktiv in Hauptsätzen

Konjunktiv in Hauptsätzen

Den Konjunktiv kennst du vor allem als Modus des Nebensatzes. Es gibt aber auch Konjunktive, die im Hauptsatz auftreten. Die Funktionen dieser Konjunktive lassen sich in drei Großgruppen einteilen: Sie drücken Sachverhalte aus, die entweder nicht wirklich (irreal, Kap. 1.4.1) oder nur bedingt wirklich (möglich, Kap. 1.4.2) oder erst zu verwirklichen (wünschenswert, Kap. 1.4.3) sind. Auch in unabhängigen Fragen (Kap. 1.4.4) kann der Konjunktiv stehen. Er drückt dann eine Überlegung aus.

1.4.1 Nicht-wirkliche Aussagen: der Irrealis

Der **Irrealis** bezeichnet (oft auch in konditionalen Nebensätzen) einen Vorgang oder eine Handlung, die nicht wirklich ist. Dabei steht

- der **Konjunktiv Imperfekt** für den **Irrealis der Gegenwart:**
  facerem *ich würde es tun/täte es (wenn ich könnte/Zeit dazu hätte)*
- der **Konjunktiv Plusquamperfekt** für den **Irrealis der Vergangenheit:**
  fecissem *ich hätte es getan (ich hatte aber keine Zeit)*

1 Gib an, ob es sich um einen Irrealis der Gegenwart oder der Vergangenheit handelt. Übersetze dann.

1 Si tacuisses, philosophus mansisses. *Irrealis der* ____________

____

2 Sine amicis vita tristis esset. *Irrealis der* ____________

____

3 Et ego hanc sententiam probarem. *Irrealis der* ____________

____

4 Ubi ires, si urbem relinqueres? *Irrealis der* ____________

____

1.4.2 Bedingt mögliche Aussagen: der Potentialis

Der **Potentialis** dient im Hauptsatz zur Bezeichnung einer **Behauptung in gemilderter Form**. Er zeigt also eine Möglichkeit an. In der Übersetzung wird er durch die Modalverben *möchte/könnte/dürfte* oder mit einem in den deutschen Satz eingefügten *wohl* kenntlich gemacht.

Der Potentialis wird – ohne Bedeutungsunterschied – durch den Konjunktiv Präsens oder den Konjunktiv Perfekt ausgedrückt.
dicat/dixerit aliquis *jemand könnte sagen / jemand dürfte sagen / jemand sagt wohl*

2 Übersetze diese im Potentialis stehenden Sätze auf eine der oben angegebenen Möglichkeiten.

1 Quis deos fallat?

2 Nemo eum amet, quem metuat.

3 Riserit aliquis praecepta magistri.

4 Quis negaverit Caesarem imperatorem fortissimum fuisse?

5 Homo bonus cupiditates vix laudaverit.

6 Si hoc dicas, erres.

1.4.3 Wünschenswerte und nicht wünschenswerte Aussagen/Aufforderungen

I. Der Hortativ

Der **Hortativ** richtet sich als **Aufforderung** stets an die **1. Person Plural**. Er wird im Lateinischen durch den Konjunktiv Präsens ausgedrückt. Übersetzt wird er mit *lass(t) uns* oder *wir wollen*.

3 Übersetze folgende Sätze.

1 Occupemus omnem urbem!

2 Legatos ad Caesarem mittamus!

3 Romam proficiscamur!

4 Gaudeamus igitur!

5 Ne consiliis hominum malorum pareamus!

II. Der Jussiv

Der **Jussiv** ist eine **Aufforderung** an eine **3. Person Singular oder Plural**. Er wird im Lateinischen durch den Konjunktiv Präsens ausgedrückt. Die **Verneinung** ist **ne**. Im Deutschen wird er in der Regel mit *sollen* übersetzt.

4 Übersetze folgende Sätze mit einem Jussiv.

1 Maritus uxorem suam amet!

2 Is, qui beneficium dedit, taceat! Ille, qui beneficium accepit, narret!

3 Celeriter veniat! Ne moretur!

4 Salus rei publicae augeatur bonis moribus!

5 In Pompeji fand man folgende Inschrift (*CIL* IV 4091). Übersetze sie unter Berücksichtigung der Konjunktive treffend ins Deutsche.

Quisquis[1] amat, valeat!

Pereat, qui nescit amare!

Bis[2] tanto[3] pereat,

quisquis[1] amare vetat[4]!

III. Der Prohibitiv

Der **Prohibitiv** ist ein **Verbot** an die **2. Person Singular oder Plural**. Er wird im Lateinischen mit **ne + Konjunktiv Perfekt** gebildet. Die Übersetzung ins Deutsche ist die eines verneinten Imperativs.

Ne riseris! *Lach nicht!*
Ne abieritis! *Geht nicht weg!*

Ein verneinter Befehl kann im Lateinischen auch durch **noli(te) + Infinitiv** ausgedrückt werden:

Noli ridere! – Nolite abire!

[1] **quisquis** jeder, der; wer auch immer | [2] **bis** zweimal | [3] **tantō** hier: gleich | [4] **vetāre** verbieten

6 Übersetze.

1 Ne locuti sitis!

2 Ne stulti fueritis!

3 Ne me conspexeris!

4 Ne dubitaveritis!

5 Ne feceris alteri id, quod pati tu non vis!

IV. Der Optativ

Der **Optativ** drückt im Lateinischen einen **Wunsch** aus. Man unterscheidet dabei, ob der Wunsch als erfüllbar gemeint ist oder nicht. Die **Verneinung** wird durch **ne** ausgedrückt. Erkennen kann man den Optativ in vielen Fällen an dem Wort **utinam**. **Utinam** wird im Deutschen mit *hoffentlich* (bei erfüllbaren Wünschen) oder *wenn doch* (bei unerfüllbaren Wünschen) wiedergegeben.
Im Einzelnen steht:

- der **Konjunktiv Präsens** für einen **erfüllbaren Wunsch der Gegenwart:**
  (Utinam) adsit! *Hoffentlich ist er da!*
- der **Konjunktiv Imperfekt** für einen **unerfüllbaren Wunsch der Gegenwart:**
  (Utinam) adesset! *Wenn er doch da wäre!*
- der **Konjunktiv Plusquamperfekt** für einen **unerfüllbaren Wunsch der Vergangenheit:**
  (Utinam) adfuisset! *Wenn er doch da gewesen wäre!*

7 Ordne die Wünsche anhand der benutzten Tempora in die Tabelle ein.

Utinam adesse posset! | Utinam mansisses! | Utinam tempus celeriter praetereat! | Utinam maneres! | Utinam nobis nuntium mitteret! | Utinam ne scelus commisissem! | Di boni, utinam nos tegatis! | Utinam hoc tempore Romae essemus!

erfüllbarer Wunsch der Gegenwart

unerfüllbarer Wunsch der Gegenwart	**unerfüllbarer Wunsch der Vergangenheit**

8 Übersetze die Optative aus der Tabelle von Aufgabe 7.

1.4.4 Abwägungsfragen

V. Der Deliberativ

Der **Deliberativ** zeigt die fragende **Überlegung** meist einer **1. Person Singular oder Plural** an. Die Wiedergabe im Deutschen erfolgt mit *sollen*. Vom Jussiv lässt sich der Deliberativ leicht durch das Fragezeichen am Satzende unterscheiden.

Quid faciam? *Was soll ich tun?*
Quid facerem? *Was hätte ich tun sollen?*

9 Übersetze entsprechend den obigen Beispielen.

1 Quid tibi suadeam?

2 Cur hanc puellam ego diligam?

3 Quid auxilium amicorum non petamus?

4 Quo fugeremus?

10 Ermittle abschließend in den folgenden Ausdrücken die Funktion des Konjunktivs und übersetze. Die verwendeten Tempora, Personen und Satzzeichen geben dir Aufschluss über die jeweilige Sinnrichtung.

	Funktion	Übersetzung
Ne conata sis!		
Constituamus!		
Ne eripueritis!		
Cur exerceam?		
Emamus!		

Utinam laborares!		
Quid memorem?		
Ne abieritis!		
Aliquis hoc dixerit.		
Utinam ausus sit![1]		
Experiamur!		
Ne quid finxeris!		
Te fefellissem.		
Incedamus!		
Incendamus!		
Utinam nos redimas!		

1.5 Indirekte Rede *(oratio obliqua)*

1 Die folgenden lateinischen Sätze berichten in indirekter Rede von Versuchen des gallischen Stammes der Helvetier *(Helvētiī, -ōrum)*, letztlich die Macht über Gallien zu gewinnen (was Caesar schließlich verhindern wird).

a Weise den Regeln zur lateinischen *oratio obliqua* (linke Spalte) die passenden lateinischen Sätze (rechte Spalte) zu, indem du den Ziffern die richtigen Buchstaben zuordnest (z.B. 7→g). Tipp: Orientiere dich an den Formen, die in den lateinischen Beispielsätzen jeweils durch **Fettdruck** hervorgehoben sind.

Regeln zur lateinischen *oratio obliqua*	lateinische Beispielsätze zu den Regeln
1 Aussagesätze stehen im **AcI**. 2 Nebensätze stehen im **Konjunktiv**. 3 „Echte“ Fragen stehen im **Konjunktiv**. 4 Aufforderungen stehen im **Konjunktiv**. 5 **Reflexivpronomina** beziehen sich auf die Person, die als Sprecher der indirekten Rede gedacht ist.	*Principes Helvetiorum dixerunt:* a *Caesar **caveret!*** b *Cur Caesar hostis **esset?*** c *Helvetios fortissimos esse, propterea quod saepe cum Germanis bellum **gererent.*** d ***Helvetios** obsides accipere, non dare **consuevisse.** Ita a maioribus **institutos esse.*** e ***Se** rogare, ut id **sibi** facere liceat.*

1 ____ 2 ____ 3 ____ 4 ____ 5 ____

[1] vgl. hierzu die Semideponentien (S. 9)

b Die deutsche indirekte Rede steht durchgehend im **Konjunktiv**. Übersetze die Beispielsätze aus 1a. Verwende dabei die folgenden Verbformen.

er sei | er solle sich hüten | es sei erlaubt | sie bäten | sie führten Krieg | sie seien die tapfersten | sie seien es gewohnt | sie seien unterwiesen worden

a ______________________________

b ______________________________

c ______________________________

d ______________________________

e ______________________________

2 In *De bello Gallico* 1,13 berichtet Caesar, wie er einen Teil der feindlichen Helvetier bei einer Flussüberquerung angreift und besiegt. Danach verhandelt er mit dem helvetischen Fürsten Divico. Dessen drohende Rede, die auch auf frühere Siege der Helvetier verweist, gibt Caesar in indirekter Rede wieder.

a In der folgenden deutschen Übersetzung der Stelle fehlen einige Verbformen. Ergänze sie mit deutschen Konjunktiven und achte dabei besonders auf die korrekte Bildung im Deutschen. Vergleiche dein Ergebnis mit deiner Übersetzung des Textes im Lesebuch (S. 98):

Wenn das römische Volk Frieden mit den Helvetiern ______________ (1: schließen), so ______________ die Helvetier dorthin ______________ (2: ziehen, Zukunft) und dort bleiben, wo Caesar sie ansiedle und wo er ______________ (3: wollen), dass sie wohnten. Wenn er aber ______________ (4: fortfahren), sie militärisch zu verfolgen, ______________ er sich an die alte Niederlage des römischen Volkes ______________ (5: erinnern, Aufforderung) und auch an den eben gezeigten Mut der Helvetier. Dass er unvermutet einen Stammesteil angegriffen habe, als die, die den Fluss ______________ (6: überqueren, Vergangenheit), ihren Leuten nicht zu Hilfe kommen konnten – deshalb solle er sich nicht allzu viel auf seine eigene Tapferkeit einbilden oder sie unterschätzen. Sie ______________ von ihren Vorfahren ______________ (7: lernen, Vergangenheit), eher mutig zu kämpfen, als sich auf List und Hinterhalt zu verlassen.

b Weise die folgenden lateinischen Verben den von dir gebildeten deutschen Konjunktiven zu, indem du sie in die Tabelle einträgst. Kreuze außerdem an, welche Satzart der lateinischen *oratio obliqua* jeweils vorliegt: ein Aussagesatz, ein Nebensatz oder eine Aufforderung?

didicisse | ituros <esse> | voluisset | perseveraret[1] | reminisceretur[2] | <pacem> faceret | transissent

	lateinische Verbform	Aussage-satz	Neben-satz	Aufforde-rung
1				
2				
3				
4				
5				
6				
7				

3 Übersetze die folgenden Sätze ins Deutsche.

Divico, princeps Helvetiorum, dixit: (Divico, der Anführer der Helvetier, sagte:)

1 Imperium populi Romani in Gallia iustum non esse.

2 Cur Caesar Helvetios opprimeret?

3 Libertatem Helvetiorum respiceret[3]!

4 Nonne populum Romanum esse testem virtutis Helvetiorum?

[1] **perseverāre** fortfahren | [2] **reminīscī** sich erinnern | [3] **respicere** berücksichtigen, respektieren

2 Nominalformen

2.1 Substantive und Adjektive (Kongruenz)

1 Ordne die Substantive und Adjektive in die folgenden Tabellen ein: Gib die Deklinationsklasse an, zu der sie gehören, und bestimme sie nach Kasus, Numerus und Genus (Achtung: Alle Formen sind mehrdeutig!). Bilde dann bei den Substantiven jeweils den Nominativ Singular, bei den Adjektiven den Nominativ Singular Maskulinum und übersetze ihn mündlich.

~~aequa~~ | dea | deo | felices | exercitus | libelli | mentes | fortium | munus | tantis | tristi | varium

Substantive	Deklinationsklasse	Bestimmung: KNG	Nominativ Singular

Adjektive	Deklinationsklasse	Bestimmung: KNG	Nominativ Singular
aequa	a-/o-Dekl.	Nom./Abl. Sg. f Nom./Akk. Pl. n	aequus

Pronominaladjektive

Pronominaladjektive werden dekliniert wie Adjektive der a- und o-Deklination. Nur im Genitiv und Dativ Singular haben sie die Endungen, die dir von vielen Pronomina her bekannt sind:

Genitiv Singular: **-īus**
Dativ Singular: **-ī**

Die häufigsten Pronominaladjektive:

ūnus, -a, -um	*einer*
ūllus, -a, -um	*irgendeiner*
nūllus, -a, -um	*keiner*
sōlus, -a, -um	*allein*
tōtus, -a, -um	*ganz*
uterque, utraque, utrumque	*jeder (von beiden)*
alter, -tera, -terum	*der eine, der andere*
neuter, -tra, -trum	*keiner (von beiden)*
alius, -a, -ud (Gen.: **alterīus**)	*ein anderer*

2 Ordne die Adjektive den Substantiven so zu, dass sich korrekte und sinnvolle Wendungen ergeben. Übersetze diese dann unter Berücksichtigung ihres Kasus.

alti | facile | antiquis | Romanae | gravis | novo | ingens | sana | unius | veteres

magnitudo ______

marito ______

matri ______

medici ______

memoriae ______

mente ______

montis ______

morbus ______

moribus ______

munus ______

3 Weise die Substantiv- und Adjektivformen den Bestimmungen nach Kasus, Numerus und Genus zu. Beachte: Auch wenn manche Formen mehrdeutig sind und somit zu mehreren Bestimmungen passen, gibt es dennoch nur eine Lösung, bei der die Zuweisung komplett aufgeht.
Tipp: Beginne mit den Formen, Formen, die eindeutig sind, anschließend bearbeitest du die mehrdeutigen.

alieni | civitati | cultui | difficili | exemplis | generis | hospes | infelices | libertas | multas | noctium | nullius | rebus | tempus

1 Nom. Sg. m ____________

2 Nom. Sg. f ____________

3 Nom. Sg. n ____________

4 Gen. Sg. m ____________

5 Gen. Sg. f ____________

6 Gen. Sg. n ____________

7 Dat. Sg. m ____________

8 Dat. Sg. f ____________

9 Abl. Sg. n ____________

10 Nom. Pl. m ____________

11 Gen. Pl. f ____________

12 Akk. Pl. f ____________

13 Dat. Pl. f ____________

14 Abl. Pl. n ____________

4 Bilde die nach Kasus, Numerus und Genus passende Adjektivform.

1 von *aequus* zu *animo* ____________

2 von *totus* zu *vitam* ____________

3 von *altus* zu *mare* ____________

4 von *doctus* zu *matri* ____________

5 von *ceteri* zu *militum* ____________

6 von *durus* zu *servitus* ____________

7 von *atrox* zu *caedes* (3×) ____________

8 von *ingens* zu *exercitus* (4×) ____________

9 von *solus* zu *fidei* (2×) ____________

10 von *fortis* zu *viro* (2×) ____________

2.2 Steigerung von Adjektiven und Adverbien

1 Ergänze die folgenden Regeln zur Steigerung der Adjektive und Adverbien. Für die Regeln zur Formenbildung gibt dir deine Grammatik Anhaltspunkte.

Regeln zur Steigerung von Adjektiven und Adverbien

1 Das Zeichen für den ______________ heißt **-ior**. Daran werden beim Deklinieren die Endungen der ______________ Deklination angehängt. Im Nominativ und Akkusativ des ______________ endet der ______________ auf **-ius**:

z. B.: **laetus → laetior (m/f), laetius (n).**

2 Der ______________ wird bei den meisten Adjektiven mit **-issimus (-issima, -issimum)** gebildet. Dekliniert wird er also wie ein Adjektiv der ______________ Deklination. An Adjektive auf -er wird zur Bildung des ______________ **-rimus (-rima, -rimum)** angehängt:

z. B.: **laetus → laetissimus (m), laetissima (f), laetissimum (n),**
pulcher → pulcherrimus (m), pulcherrima (f), pulcherrimum (n).

3 Unabhängig davon, zu welcher Deklinationsklasse ein Adjektiv gehört, werden also alle Komparative nach der ______________ Deklination und alle Superlative nach der ______________ Deklination dekliniert.

4 Besonderheit: Bei einigen Adjektiven **(facilis, difficilis, similis)** endet der ______________ auf **-illimus (-illima, -illimum)**:

z. B.: **facilis → facillimus (m), facillima (f), facillimum (n).**

5 Der lateinische ______________ wird meist auch mit einem deutschen ______________ übersetzt. Er kann aber auch mit ziemlich/zu (und deutschem Positiv) übersetzt werden.

z. B.: **pulchrior:** ______________

ziemlich/zu ______________

6 Der lateinische ______________ wird oft, aber nicht immer mit dem deutschen ______________ wiedergegeben. Häufig ist auch die Übersetzung mit dem **Elativ** möglich. Dabei verwendet man sehr oder *äußerst* (und den deutschen Positiv).

z. B.: **pulcherrimus:** ______________

sehr/äußerst ______________

7 Wenn der lateinische Komparativ einen Vergleich ausdrückt, dann folgt häufig das Vergleichswort **quam** („______________"). Anstelle von **quam** (mit Nominativ oder Akkusativ) kann auch der ______________ des Vergleichs verwendet werden.

z. B. **pulchrior quam amicus / pulchrior amico:** ______________ *der Freund.*

8 Der ______________ des Adverbs hat immer die Form **-ius.** Somit ist die Form identisch mit der des Nominativ/Akkusativ Singular des ______________.

9 Der ______________ des Adverbs wird ebenso gebildet wie bei den Adjektiven, hat aber stets die Endung **-ē**:

z. B. die Steigerung des Adverbs **pulchrē** → **pulchrius, pulcherrimē.**

2 Es gibt auch einige Adjektive, die unregelmäßige Steigerungsformen bilden. Ergänze in der Tabelle die fehlenden lateinischen Formen. Die folgenden deutschen Fremdwörter geben dir Anhaltspunkte.

Major | Maximum | Minimum | Optimist | Pessimist | Plural

Positiv	Komparativ	Superlativ
bonus (gut)	melior	
malus (schlecht)	peior	
magnus (groß)		
parvus (klein)	minor	
multi (viele)		plurimi

3 Ergänze in der Tabelle die fehlenden Formen. In jeder Zeile müssen sämtliche Formen nach Kasus, Numerus und Genus übereinstimmen bzw. Adverb sein.

Positiv	Komparativ	Superlativ
		brevissimus
facile		
	firmiorem	
		latissimis
magnas		

4 Übersetze die folgenden Sätze ins Deutsche.

1 Nihil peius est quam tyrannus.

2 Hadrianus imperator brevior erat.

3 Inter dominum et servum nulla amicitia firmissima est.

4 Caesar quam maximas copias cogebat.

2.3 Pronomina

Formen der Pronomina

Die Formen von Pronomina wie **hic, ille, is, qui** lassen sich am besten wiederholen, wenn du dir klarmachst, dass einige dieser Formen gleiche Muster bilden.
Lies vor der Erledigung der folgenden Aufgaben diese Übersicht über die Formen der häufigsten Pronomina und und wiederhole anhand deiner Grammatik die Deklinationsmuster.

Demonstrativpronomina

- **ille, illa, illud** *(jener)* hat identische Endungen mit **iste, ista, istud** *(dieser [da]).*
- **ipse, ipsa, ipsum** *(selbst)* hat weitgehend identische Endungen mit **ille,** beachte aber den Nom./Akk. Sg. n.
- **īdem, eadem, idem** *(derselbe)* wird durch Anhängen von **-dem** (unveränderlich) an die Formen von **is, ea, id** *(dieser)* gebildet, beachte jedoch den Nom. Sg. m/n **īdem/idem** und die Bildungsregel **„-m + dem"** → **-ndem** (sog. Assimilation): Akk. Sg. m/f: **eundem, eandem** sowie Gen. Pl. m/f/n: **eorundem, earundem, eorundem.**

Relativpronomina

- Identische Formen mit dem Relativpronomen **qui, quae, quod** hat das adjektivische Interrogativpronomen **qui (amicus)?, quae (amica)?, quod (verbum)?** *(welcher?, welche?, welches?).*
- Weitgehend identische Formen mit dem Relativpronomen hat das substantivische Interrogativpronomen **quis?, quid?** *(wer?, was?).*
  - Beachte: **quis** bildet keine eigenen Formen für Femininum und Plural.

Indefinitpronomina

- Die Formen des adjektivischen Indefinitpronomens **aliqui, aliqua, aliquod** *(irgendein, irgendeine, irgendein)* werden durch das Präfix **ali-** vor den Formen des Relativpronomens **qui, quae, quod** gebildet.
  - Dieses **ali-** entfällt, wenn das Indefinitpronomen in einem Satz steht, der mit **si, nisi, ne** oder **num** eingeleitet wird. (Merkvers: „Nach si, nisi, ne und num fällt das ali- um.")
  - Beachte den Nom. Sg. f/Nom./Akk. Pl. n: **aliqua.**
- Die Formen des substantivischen Indefinitpronomens **aliquis, aliquid** *(irgendeiner, irgendetwas)* werden durch das Präfix **ali-** vor den Formen des Interrogativpronomens **quis, quid** gebildet. Bei Nebensatzeinleitung mit **si, nisi, ne** oder **num** entfällt das **ali-** (s. Merkvers oben).
- Die Formen des substantivischen und adjektivischen Indefinitpronomens **quidam** *(ein gewisser, eine gewisse, ein gewisses)* werden durch Anhängen von **-dam** (unveränderlich) an die Formen von **qui, quae, quod** gebildet.
  - Beachte: Bei substantivischem Gebrauch lautet der Nom./Akk. Sg. n: **quiddam;** die Bildungsregel ist: **„-m + dam"** → **-ndam** (Assimilation), also Akk. Sg. m/f: **quendam, quandam,** Gen. Pl. m/f/n: **quorundam, quarundam, quorundam.**

1 Verbinde die lateinischen Pronomina mit den richtigen deutschen Übersetzungen.

hic, haec, hoc	jener, jene, jenes
is, ea, id	welcher auch immer, welche auch immer, welches auch immer
idem, eadem, idem	irgendein, irgendeine, irgendein
ille, illa, illud	derselbe, dieselbe, dasselbe
iste, ista, istud	dieser (hier), diese (hier), dieses (hier)
aliqui, aliqua, aliquod	selbst, persönlich
ipse, ipsa, ipsum	welcher, welche, welches
quicumque, quaecumque, quodcumque	dieser (da), diese (da), dieses (da)
quidam, quaedam, quoddam	ein gewisser, eine gewisse, ein gewisses
qui, quae, quod	dieser, diese, dieses

2 Baukasten: Setze je einen Wortanfang (Gruppe A) mit einer Wortmitte (Gruppe B) und einem Wortende (Gruppe C) zu korrekten Pronominalformen zusammen und trage diese in die Tabelle ein.

Gruppe A	Gruppe B	Gruppe C
ill-	-us-	-bus
ei-	-sa-	-m
h-	-en-	-dem
qu-	-u-	-c
ip-	-ui-	-rum
ali-	-qui-	-dam

Nom./Akk. Sg. m		**Akk. Sg. m**	
Gen. Sg. m/f/n		**Gen. Pl. f**	
Dat. Sg. m/f/n		**Dat./Abl. Pl. m/f/n**	

3 Gleiche die folgenden Pronomina an die angegebenen Substantive in Kasus, Numerus und Genus an.

	is, ea, id	**idem, eadem, idem**	**hic, haec, hoc**	**ille, illam, illud**	**aliqui, aliqua, aliquod**
morbum					
imperatorum					
naves (2 ×)					
caedes (3 ×)					
salutis					
exemplis					
oratio					
domino (2 ×)					
servituti					
templi					

4 Bilde die nach Kasus, Numerus und Genus entsprechende Form des Pronomens zum Substantiv.

(aliqui) zu *templum* ______

(hic) zu *amorem* ______

(hic) zu *foedus* ______

(hic) zu *viro* (2 ×) ______

(idem) zu *servorum* ______

(ille) zu *militis* ______

(is) zu *hominibus* ______

(iste) zu *feminae* (3 ×) ______

(qui?) zu *iuvenis* (2 ×) ______

5 Das Demonstrativpronomen *hic* weist auf etwas (dem Sprecher) zeitlich oder räumlich Nahes hin; *ille* bezeichnet etwas zeitlich oder räumlich Entfernteres. So kann *ille* auch mit „der zuerst Genannte“ und *hic* mit „der zuletzt Genannte“ übersetzt werden. Übersetze die folgenden an Originalsätze angelehnten Beispiele.

1 Der Geschichtsschreiber Sallust vergleicht die beiden bedeutenden Politiker Caesar und Cato. Dabei nennt er unter anderem die folgenden Eigenschaften:

Caesar et Cato parem gloriam habebant. **Ille** beneficiis magnus habebatur, **hic** integritate vitae. **Ille** misericordia clarus factus est, **huic** severitas dignitatem dederat. **Ille** dando, **hic** nihil dando gloriam habebat. **Illius** facilitas, **huius** constantia laudabatur.

2 Der Dichter Martial vergleicht die schwarzen Zähne einer Frau mit dem strahlend weißen Gebiss einer anderen und kommt zu einem spöttischen Schluss:

Dentes emptos **haec** habet, **illa** suos.

3 Gequält von Liebeskummer greift der Dichter Catull seine ehemalige Geliebte an und prophezeit ihr in einer Reihe rhetorischer Fragen eine unglückliche Zukunft:

Quae vita tibi manet? **Quis** nunc te adibit? **Cui** videberis pulchra? **Quem** nunc amabis? **Cuius** eris? **Quem** basiabis[1]?

Übersetze die Fragen. Gib in Klammern jeweils den Kasus des Interrogativpronomens an.

[1] **bāsiāre** küssen

3 Kasusfunktionen

3.1 Funktionen des Genitivs

Die Endungen des Genitivs

Bei Substantiven der 3. (konsonantischen) Deklination lautet der Genitiv Plural nicht **-um**, sondern **-ium**, wenn

- Nominativ und Genitiv Singular dieselbe Silbenanzahl besitzen (**caedes, caedis** → **caedium**),
- der Stamm auf mehrere Konsonanten endet (**ars, artis** → **artium**).

1 Ergänze die Genitivendungen der Deklinationen.

	Singular	Plural
o-Deklination	-i	
a-Deklination		
3. (konsonantische) Deklination		
u-Deklination		
e-Deklination		

2 Bilde zu den folgenden Substantiven jeweils den Genitiv Singular und Genitiv Plural.

Nominativ Singular	Genitiv Singular	Genitiv Plural
impetus		
munus		
murus		
consilium		
dies		
princeps		

3 Ordne die folgenden Formen gemäß ihren Kasus und setze sie in die richtige Tabelle ein.
Achtung: Einige Formen sind mehrdeutig und müssen mehrmals eingetragen werden.

conspectus | libris | patris | numerum | legi | maiorum | morae | senatui | regnum | praeceptum | mortis | ingenii | exercitu | plebi | spe

Nom.	Gen.	Dat.	Akk.	Abl.

4 Im Lateinischen kann der Genitiv unterschiedliche Funktionen übernehmen. Vervollständige die Tabelle nach dem angegebenen Muster.

~~Genitiv als logisches Subjekt der Handlung~~ | eine große Menge an Büchern | memoria **virtutis** | Genitiv von einer Mengenangabe abhängig | das Haus meines Vaters | hoc consilium **magni** aestimo | domus **patris mei** | der Sieg der Helvetier | Genitiv zur Angabe eines Besitzers | magnus numerus **librorum** | Genitiv als logisches Objekt der Handlung | ~~victoria **Helvetiorum**~~ | Genitiv nach Verben der Wertangabe und der Wertschätzung | die Erinnerung an die Tugend | diesen Rat schätze ich hoch ein

Genitiv … / genitivus …	**Verwendung**	**Beispiel**	**Übersetzung**
	Genitiv als logisches Subjekt der Handlung	victoria **Helvetiorum**	
obiectivus			
der Zugehörigkeit *(possessivus)*			
des geteilten Ganzen *(partitivus)*			
des Wertes *(pretii)*			

Der *genitivus subiectivus/obiectivus*

Ob es sich um einen *genitivus subiectivus* oder *genitivus obiectivus* handelt, ist oft nur durch den Sinnzusammenhang erschließbar. Oft hilft es dir weiter, die Genitivkonstruktion zu verbalisieren, um den Unterschied zu erarbeiten.

amor patris

	genitivus subiectivus	**genitivus obiectivus**
Übersetzung	*die Liebe des Vaters*	*die Liebe zum Vater*
Verbalisierung	*Der Vater liebt. → Subjekt des Satzes*	*Jemand liebt den Vater. → Objekt des Satzes*

5 Übersetze nach ähnlichem Muster die folgenden Genitivausdrücke jeweils als *genitivus subiectivus* oder *genitivus obiectivus*.

	Gen. subi.	**Verbalisierung**	**Gen. obi.**	**Verbalisierung**
victoria Caesaris				
timor Germanorum				
amor parentum				

Der *genitivus possessivus*

Der ***genitivus possessivus*** steht oftmals mit dem Verb **esse**.

Domus patris est. *Das Haus gehört dem Vater.*
Templum Iovis est. *Der Tempel gehört Jupiter.*

Oft fehlt dem ***genitivus possessivus*** im Satz das Bezugswort. Ergänze es im Deutschen mit einem neutralen „es“:

patris est *es gehört zum Vater = es ist Aufgabe / Eigenschaft des Vaters*
consulis est *es gehört zum Konsul = es ist Aufgabe / Eigenschaft des Konsuls*

6 Verbinde die folgenden Satzteile sinnvoll miteinander und übersetze sie anschließend.

Consulis est	liberos docere.
Parentum est	rei publicae praeesse.
Iudicis est	imperium augere.
Magistri est	praeceptis domini parere.
Romanorum est	improbos damnare.
Servi boni est	liberis consulere.

Es ist Aufgabe des Konsuls, den Staat zu leiten.

7 Gib die Funktion des Genitivs an und übersetze entsprechend.

1 Virtutem tuam magni aestimo.

Genitiv: ______

Übersetzung: *Ich schätze deine Tapferkeit sehr.*

2 Amor patriae milites movit.

Genitiv: *genitivus obiectivus*

Übersetzung: ______

3 Caesar multitudinem Gallorum necavit.

Genitiv: ______

Übersetzung: ______

4 Mililtis fortis est patriam defendere.

Genitiv: ______

Übersetzung: ______

5 Omnia, quae mariti[1] sunt, sunt etiam uxoris.

Genitiv: ______

Übersetzung: ______

6 Quid novi mihi dicis? – Nihil novi.

Genitiv: ______

Übersetzung: ______

7 Metu mortis homines saepe vitam neglegunt.

Genitiv: ______

Übersetzung: ______

[1] **maritus** Ehemann

8 Nemo militum Romanorun vulnerabatur.

Genitiv: ______________________________

Übersetzung: ______________________________

9 Imperium regis superbi a civibus Romanis finitum est.

Genitiv: ______________________________

Übersetzung: ______________________________

3.2 Funktionen des Dativs

1 Wiederhole die Dativendungen der Deklinationen, indem du sie in die Tabelle einträgst.
Gib außerdem die Dativformen der genannten Pronomina an.

Die Endungen des Dativs

	Singular	**Plural**
o-Dekl.		
a-Dekl.		
3. (kons.) Dekl.		
u-Dekl.		
e-Dekl.		

Pronomina	**Singular**	**Plural**
is	ei	
hic		
ille		
ipse		
qui		

2 In folgendem Kasten befinden sich sechs Dative. Markiere sie und bestimme die restlichen Formen genau. Setze diese anschließend jeweils in den Dativ.

gladii | amori | cui | aliquae | dominae | illae | aliquis | litteris | calamitatis | regio | ipsi | gaudio | quodam

3 Ergänze in der Tabelle zu den lateinischen Bezeichnungen für die einzelnen Dativfunktionen die deutschen Bezeichnungen, die Kurzdefinition und die passenden Beispiele. Übersetze diese dann.

dativus auctoris | Dativ des Besitzers | ~~**dativus** commodi/incommodi~~ | Epistula **tibi** legenda est. | dativus finalis | **Mihi** nomen est Marcus. | militibus **auxilio** venire | ~~**militibus** auxilio venire~~ | dativus possessivus | Dativ des Urhebers | ~~Dativ des Vorteils/Nachteils~~ | Dativ des Zwecks

dativus ...	**Dativ ...**	**Kurzdefinition**	**Beispiel**	**Übersetzung**
commodi/ incommodi	... des Vorteils/ Nachteils	Angabe der Person/ Sache, für die etwas zum Nutzen/ Nachteil ist	**militibus** auxilio venire	den Soldaten zu Hilfe kommen
		Angabe des Besitzers einer Sache/Eigenschaft (in Verbindung mit *esse*)		
		Angabe eines Ziels/ Zwecks, zu dem etwas getan wird		
		(meist) beim Gerundiv Angabe der Person, von der etwas getan werden muss		

Der *dativus finalis*

Der ***dativus finalis*** steht oft mit einem weiteren Dativ und einer Form von **esse**. Als Behelfsübersetzung kannst du den etwas umständlichen Ausdruck „gereichen zu" verwenden:

Hoc mihi honori est. *Das gereicht mir zur Ehre. = Das bringt mir Ehre ein.*

4 Finde zu den folgenden Ausdrücken auf dieselbe Weise elegantere Übersetzungen.

1 Gladius militi usui est. ______

2 Salus tua mihi cordi est. ______

3 Liberi mihi curae sunt. ______

4 Hannibal Romanis odio erat. ______

5 Victoria tua mihi invidiae est. ______

6 Fabula omnibus gaudio erat. ______

5 Ergänze die prädikativen Gerundivkonstruktionen mit einem Dativ des Urhebers *(dativus auctoris)*, indem du die Ausdrücke in Klammern in den Dativ setzt, und übersetze anschließend.

1 Libri ______ (tu et ego) legendi sunt.

______

2 Res publica ______ (consules) servanda erat.

______

3 Amicitia ______ (omnes homines) colenda est.

______

4 Bella ______ (milites) gerenda erant.

______

5 Dei ______ (homines pii) colendi sunt.

______

6 Unterstreiche in den Sätzen zunächst sämtliche Dativformen. Bestimme dann ihre jeweilige Funktion und übersetze die Sätze. Achtung: Bei zwei Sätzen liegen zwei verschiedene Dativfunktionen vor.

1 Caesari exspectandum non erat.

Dativ: ______

Übersetzung: ______

2 Suntne nobis omnes, quibus magnae dvitiae sunt, beati appellandi?

Dativ: ______________________

Übersetzung: ______________________

3 Hostes nobis odio sunt.

Dativ: ______________________

Übersetzung: ______________________

4 Homo bonus magis aliis quam sibi consulit.

Dativ: ______________________

Übersetzung: ______________________

5 Mors amici mihi dolori est.

Dativ: ______________________

Übersetzung: ______________________

3.3 Funktionen des Ablativs

1 Ergänze die Ablativendungen der Substantive in den Deklinationen.

Die Endungen des Ablativs

	Singular	Plural
o-Dekl.	-o	
a-Dekl.		
3. (kons.) Dekl.		
u-Dekl.		
e-Dekl.		

- Adjektive der 3. Deklination erhalten im Ablativ Singular die Endung ________, Komparative, das PPA sowie die Adjektive *vetus, pauper* und *dives* erhalten die Endung ________.

2 Bilde aus den angegebenen Substantivstämmen und den vorgegebenen Endungen mindestens sechs grammatikalisch korrekte Ablative.

noct- | cur- | exercit- | consul- | hor- | oppid-

ibus | e | a | o | u | is

3 In den folgenden Formen befindet sich jeweils nur eine einzige Ablativform. Markiere sie und bestimme die restlichen Formen genau.

1 natio | auro | subito | ago
2 cura | onera | supra | lauda
4 serve | celere | amore | pulchre
5 viris | itineris | pacis | audis

1
2
3
4

4 Der Ablativ kann im Lateinischen mehrere Funktionen übernehmen. Diese können über einfache Kontrollfragen bzw. Kennungen ermittelt werden. Sieh dir zunächst in der Tabelle auf der folgenden Seite an, welche *ablativi* es gibt. Dann lies die lateinischen Sätze: Sie enthalten je einen bereits gekennzeichneten Ablativ. Ermittle anhand der Kontrollfragen seine Funktion im Satz und ordne ihn in die Tabelle ein. Übersetze die Sätze anschließend.

Hac nocte urbem reliquimus.
Germani atrociores **Romanis** sunt.
Rem publicam **ab hostibus** servavistis.
Donis gaudebant.
Caesar **magno animo** erat.
Navem **auro** complevit.
Alios **virtute** superavit.

Ablativ ... ***(ablativus ...)***	**Kontrollfrage/ Kennung**	**Beispielsatz + Übersetzung**
des Mittels *(instrumentalis)*	„womit/wodurch?“	
des Grundes *(causae)*	„weshalb?“/ „worüber?“	
der Zeit *(temporis)*	„wann?“	
der Trennung *(separativus)*	„wovon?“	
der Beschaffenheit *(qualitatis)*	esse + „wovon?“	
des Vergleichs *(comparationis)*	Komparativ in unmittelbarer Nähe	
der Einschränkung *(limitationis)*	„worin?“	

Der *ablativus comparationis*

Er bezeichnet in einem Vergleich einen der beiden Vergleichsgegenstände und ersetzt das Vergleichsnomen sowie die Vergleichspartikel **quam**:

Nemo fortior quam Hercules erat. → **Nemo fortior Hercule erat.** *Niemand war stärker als Herkules.*

5 Übersetze folgende Sätze.

1 Quid iucundius amico certo est?

2 Quis Caesare celerius vicit?

3 Neminem te sapientiorem puto.

4 Quis est, quem Romani Hannibale magis timuerint?

5 Nemo in civitate Romana maiorem auctoritatem habuit consulibus.

6 Setze die Ausdrücke in den Klammern in den Ablativ und bestimme die Ablativfunktionen mithilfe der Kontrollfragen. Übersetze dann mündlich.

	***ablativus* ... (Kontrollfrage)**
cibis (cibi) complere	instrumentalis („womit?")
navem ______ (aurum et pecunia) complere	
Hannibal ______ (magnum ingenium) est.	
______ (amor) gaudere	
urbem ab ______ (hostes) servare	
______ (hoc tempus) Romae vivere	
Nemo pulchrior ______ (amica mea) est.	
castra a ______ (Germani) defendere	
Caesar hostes ______ (virtus et fortitudo) superavit.	

4 Partizipien und Partizipialkonstruktionen

1 Vervollständige die Tabelle, aus der die Regeln zur Bedeutung der lateinischen Partizipien hervorgehen. Verwende dabei die hier genannten Begriffe, Beispielformen sowie deren (noch unvollständige) Übersetzungen.

Partizip Futur Aktiv (PFA) | Gleichzeitigkeit | vocatus | „einer, der …“ | Nachzeitigkeit | Partizip Perfekt Passiv (PPP) | Vorzeitigkeit | Aktiv | vocans | Aktiv | vocaturus | Partizip Präsens Aktiv (PPA) | „einer, der … will/wird“ | Passiv | „einer, der … worden ist“

Bildung und Bedeutung der Partizipien

Partizip	Zeitverhältnis	Genus Verbi (Aktiv oder Passiv)*	Beispiel	Übersetzung (Relativsatz)

*Achtung: Bei Deponentien hat auch das Partizip Perfekt aktivische Bedeutung!

2 Das Partizip Präsens Aktiv (PPA) wird nach der 3. (konsonantischen) Deklination dekliniert, die Partizipien Perfekt Passiv (PPP) und Futur Aktiv (PFA) nach der a- und o-Deklination. Setze die folgenden Partizipien in den Nominativ Singular Maskulinum. Gib dabei auch immer den Infinitiv Präsens Aktiv des Verbs an und übersetze ihn mündlich.

actum | animadversa | audientibus | cogentium | commisso | contracta | dediti | dubitantes | edenti | facturum | intraturum | missis | pugnaturi | secutura | subiectam | venientis

PPA: ______________________________

____

PPP: *actus, agere (tun),* ______________________________

____

PFA: ______________________________

____

3 Bilde zu den folgenden Formen jeweils die beiden anderen Partizipien. Kasus, Numerus und Genus müssen dabei übereinstimmen. Gib außerdem den Infinitiv Präsens an und übersetze ihn mündlich.

Infinitiv	PPA	PPP/PP Deponens	PFA
	regentibus		
		conati (2×)	
		perditorum	
	petens (3×)		
			recitaturus
			redactura (4×)
		victis	
		visus	

Das Zeit- und Sinnverhältnis in *participium coniunctum* (PC) und *ablativus absolutus (abl. abs.)*

Will man im Deutschen eine Zusatzinformation zum Geschehen des Hauptsatzes zum Ausdruck bringen, so muss man dafür oft einen Nebensatz *(als, nachdem ... sie dies getan hatten ...)* verwenden.
Der Lateiner kann diese Information z.B. mithilfe einer Partizipialkonstruktion in einem einzigen Satz, also ohne Nebensatz, unterbringen.
Sehr wichtig bei der Übersetzung solcher Partizipkonstruktionen ist das Zeitverhältnis (erfolgt die Partizip-Handlung zur gleichen Zeit wie die Prädikathandlung bzw. vorher bzw. danach, → Aufgabe 1) und das Sinnverhältnis zwischen Prädikat und Partizip.

Partizip Präsens	→ **GLEICHZEITIGKEIT**	kausal *(weil)* | temporal *(als/nachdem)* | konzessiv *(obwohl)* | modal *(indem)* | konditional *(wenn)*
Partizip Perfekt	→ **VORZEITIGKEIT**	
Partizip Futur	→ **NACHZEITIGKEIT** (nur PC)	

(Fortsetzung nächste Seite)

Caesar urbi a militibus suis circumventae pepercit.

Als **Übersetzungsmöglichkeiten** bieten sich an:

- die wörtliche Wiedergabe (nur PC, Notlösung!): *Caesar hat die von seinen Soldaten umzingelte Stadt verschont.*
- die Übersetzung mit einem Relativsatz (nur PC): *Caesar hat die Stadt, die von seinen Soldaten umzingelt worden war, verschont.*
- mit einem Adverbialsatz: *Caesar hat die Stadt, nachdem/obwohl sie von seinen Soldaten umzingelt worden war, verschont.*
- mit einem Präpositionalausdruck: *Caesar hat die Stadt trotz Umzingelung durch seine Soldaten verschont.*
- mit Beiordnung inkl. eines Adverbs, das das Sinn- oder Zeitverhältnis ausdrückt: *Die Stadt war von seinen Soldaten umzingelt, und trotzdem verschonte Caesar sie.*

4 Caesar wurde in jungen Jahren von Piraten entführt, dann aber gegen Lösegeld freigelassen. Bald darauf nahm er an den Piraten Rache. Der Geschichtsschreiber Velleius Paterculus berichtet (an das Original angelehnter Text):

Invectus[1] in eum locum, in quo piratae erant, Caesar multos homines cepit. Tum adiit proconsulem Iunium Iuncum **petens**, ut de captivis[2] supplicium sumeret. Cum ille hoc negavisset, Caesar **revectus**[3] ad mare omnes, quos ceperat, suffixit cruci[4].

a Betrachte die Partizipialkonstruktionen: Gib die drei fettgedruckten PC-Konstruktionen dabei folgendermaßen wieder:

- *invectus:* als Temporalsatz ______________________
- *petens:* als beigeordneten Hauptsatz ______________________
- *revectus:* als Präpositionalausdruck ______________________

b Übersetze anschließend den Text.

____

____

____

____

____

____

____

[1] **invehī** *(Part. Perf.: invectus)* hinfahren | [2] **captīvus** Gefangener |
[3] **revehī** *(Part. Perf.: revectus)* zurückkehren | [4] **suffīgere** *(Perf.: suffīxī)* **crucī** kreuzigen lassen

Die Verwendung des Partizip Futur Aktiv (PFA)

Das Partizip Futur Aktiv drückt die Nachzeitigkeit aus. Als *participium coniunctum* hat es meistens eine finale oder kausale Sinnrichtung. Es gibt folgende Übersetzungsmöglichkeiten:

- mit Finalsatz bzw. Infinitiv + *zu: um ... zu ...*
- mit Relativsatz und *wollen: der/die ... wollte*
- mit Kausalsatz und *wollen: weil er/sie ... wollte*

5 Überprüfe, welche dieser im Kasten genannten Übersetzungsvarianten bei den folgenden Beispielsätzen angewandt werden können, und übersetze dementsprechend.

1 Milites cum hostibus pugnaturi arma ceperunt.

2 Poeta recitaturus librum sumpsit.

3 Populus pontificem templum intraturum exspectavit.

Partizipien in Verbindung mit *esse*

Gerade das Partizip Perfekt und das Partizip Futur kommen häufig auch in anderen Konstruktionen vor als dem ***PC*** und dem ***abl. abs.*** In Verbindung mit einer Form von **esse** können diese Partizipien auch ein Prädikat oder einen Infinitiv bilden, und zwar:

- **PPP + konjugierte Form von esse** → Passivformen (bzw. Formen der Deponentien) zu den Zeiten des Perfektstamms (Perfekt, Plusquamperfekt, Futur II):
  vocatus est *er ist gerufen worden*
- **PPP + esse** → Infinitiv Perfekt Passiv (meist im AcI):
  vocatum esse *gerufen worden sein; dass gerufen wurde*
- **PFA + konjugierte Form von esse** → sogenannte *coniugatio periphrastica activa* (im Hauptsatz meist übersetzt mit ... *ist im Begriff zu ..., hat vor zu ..., will ...*):
  vocaturus est *er hat vor zu rufen,*
  vocaturus erat *er hatte vor zu rufen*
- **PFA + esse** → Infinitiv Futur Aktiv (meist im AcI, dann übersetzt als Futur I):
  vocaturum esse *dass er rufen wird*

6 **a** Übersetze die folgenden Sätze nach den Beispielen im vorangegangenen Kasten.

1 Nox diem secuta est.

2 Homines dixerunt editam esse oraculo sortem.

3 Susceptum est contra hostes bellum.

4 Milites imperata facturi erant.

5 Milites se imperata facturos esse polliciti sunt.

b Beim Infinitiv Perfekt Passiv und beim Infinitiv Futur Aktiv im AcI fällt das *esse* häufig weg. Ergänze es zu den folgenden Partizipien und übersetze dann.

1 Proconsul se hoc facturum negabat.

2 Constabat hoc factum virtute Romana.

Participium coniunctum ↔ ablativus absolutus

Das ***PC*** besitzt in der Regel ein Bezugswort, das mit ihm in Kasus, Numerus und Genus übereinstimmt:
Caesar urbi a militibus suis circumventae pepercit: circumventae bezieht sich auf **urbi,** beides steht im Dativ Singular Femininum (Übersetzungsmöglichkeiten vgl. S. 55).

Im Gegensatz zum *PC* besitzt der ***ablativus absolutus*** keine direkte Verbindung mit dem Rest des Satzes, ist also von ihm „losgelöst" („absolut"). Eine wörtliche Übersetzung oder eine mit Relativsatz sind beim ***abl. abs.*** nicht möglich. Beim PPP kann aktivisch übersetzt werden, wenn das Subjekt des Satzes mit dem Ausführenden der Partizipialhandlung übereinstimmt:
Gallis victis Caesar Romam rediit. *Nachdem die Gallier besiegt worden waren, kehrte Caesar nach Rom zurück / Nachdem Caesar die Gallier besiegt hatte, kehrte er nach Rom zurück.*

7 Auch Caesar hatte offenbar manchmal die Sorge, seine Soldaten könnten vor den Feinden fliehen. Hier trifft er am Beginn einer Schlacht eine ungewöhnliche Vorkehrung.
Lies zunächst die Sätze.

Caesar **remotis**[1] **equis,** ut spem fugae tolleret, proelium commisit. Milites **pilis**[2] **missis** facile hostium phalangem perfregerunt[3]. Tum **gladiis destrictis**[4] in eos impetum fecerunt.

a Betrachte die Partizipialkonstruktionen. Gib sie folgendermaßen wieder:

- *remotis equis:* als Temporalsatz ______
- *pilis missis:* als beigeordneten Hauptsatz ______
- *gladiis destrictis:* als Präpositionalausdruck ______

b Übersetze anschließend den Text.

______

______

______

______

______

Der nominale (oder verkürzte) *ablativus absolutus*

In einigen Fällen kommt der *abl. abs.* ohne Partizip aus und steht dafür mit einem Nomen.
Er wird dann meist mit einem Präpositionalausdruck wiedergegeben Präge dir diese Wendungen ein:

rege vivo	*zu Lebzeiten des Königs*
Hannibale duce	*unter der Führung Hannibals*
imperatore invito	*gegen den Willen des Kaisers*
Cicerone consule	*unter dem Konsulat Ciceros*
Caesare auctore	*auf Veranlassung Caesars*

[1] **removēre** *(PPP: remōtum)* entfernen | [2] **pīlum** Speer |
[3] **phalanx, -angis** *f* Schlachtreihe – **perfringere** *(Perf.: perfrēgī)* durchbrechen | [4] **dēstringere** *(PPP: dēstrictum)* ziehen

8 Übersetze die folgenden Sätze, die einen nominalen *ablativus absolutus* enthalten.

1 Marco Claudio Lucio Furio consulibus legati Carthaginem venerunt.

____

2 Caesare proconsule Helvetii fines reliquerunt.

____

3 Caesare auctore piratae necati sunt.

____

9 In den *Gesta Romanorum* wird die Legende einer Traumerscheinung Caesars erzählt, der gerade in einer entscheidenden Phase des Bürgerkriegs mit seinen Truppen am Rubikon steht. Vervollständige die Sätze, indem du die folgenden Partizipienkonstruktion korrekt in die Sätze einfügst. Übersetze anschließend und wähle dabei die passenden Übersetzungsvarianten für die Partizipialkonstruktionen aus.

deis meis testibus[1] | dicens | finito bello | His dictis | pace temerata[2] | stans | transito flumine

Caesar vero ______________ Romam properare voluit. Venit cum exercitu suo ad quandam

aquam, quae vocabatur Rubico. Ibi apparuit ei quaedam imago[3] magna ______________ in

medio aquae et loquebatur ei ______________ : „Caesar, si venias pro pace Romana,

liceat tibi usque huc[4] venire, si autem non, transi flumen!“

Cui Caesar respondit: „Hoc volo, ______________ , quos adoro.“ ______________

imago disparuit[5]. Post haec statim Caesar, cum ______________ alia parte stetisset, ait:

„Hic ______________ iura relinquo.“

____

____

____

____

____

[1] **testis, is** *m* Zeuge | [2] **temerāre** entehren | [3] **imāgo** Traumbild, Geist |
[4] **ūsque hūc** bis hierher | [5] **dispārēre** verschwinden

10 Caesar führte acht Jahre lang Kriege gegen die Gallier – nach seinem Sieg 51 v. Chr. wurde die neue Provinz Gallia Teil des Römischen Reiches. Gib zu den folgenden Sätzen jeweils an, welche Partizipialkonstruktion vorliegt (bzw. ob das Partizip als Teil eines Prädikats verwendet wird; vgl. Aufgabe 6), und übersetze die Sätze möglichst elegant.

1 Galli daemones **colentes** religioni Romanorum resistebant.

2 Caesar suis copiis **confisus** bellum contra Gallos suscepit.

3 Gallis fortiter se **defendentibus** Romani vicerunt.

4 Romani **arbitrati** Gallos fidem non servare istam gentem reprehenderunt[1].

5 Caesar condicionem **proponente** ceteri tacuerunt.

6 Quibus verbis **auditis** Galli tamen se populo Romano dedere negaverunt.

7 **Caesare auctore** victoria Romam nuntiata est.

8 Bello **finito** Galli diu fidem servabant.

[1] **reprehendere** kritisieren

5 *nd*-Formen: Gerund und Gerundiv

Gerund und Gerundiv (auch Gerundium und Gerundivum genannt) werden beide über das Kennzeichen **-nd-** gebildet. Sie haben teilweise dieselben Formen und werden teilweise auch in ähnlicher Bedeutung verwendet. Daher werden sie häufig verwechselt. Sieh dir zunächst noch einmal das Gerund an:

Das Gerund

- bildet die Kasusformen, die man für das Deklinieren eines Infinitivs benötigt,
- hat also die Funktion eines substantivierten Verbs (z. B. singen → das Singen),
- bildet die folgenden Formen der o-Deklination im Singular:
  Genitiv: **-ndi**
  Akkusativ: **ad ... -ndum** (im Akkusativ steht das Gerund immer mit der Präposition **ad**)
  Ablativ: **-ndo**
  → **Merkspruch: „-i, -o, -um: Gerundium"**
- kann wie folgt übersetzt werden:

Genitiv:	**legendi**	*des Lesens, zu lesen*
	legendi causā	*um zu lesen*
Akkusativ:	**ad legendum**	*zum Lesen, (um) zu lesen*
Ablativ:	**legendo**	*durch das Lesen*
	de legendo	*über das Lesen*
	in legendo	*beim Lesen*

- wird häufig durch ein **(Akkusativ-)Objekt** ergänzt
  z. B. **occasio librum legendi** *die Gelegenheit, das Buch zu lesen*
- kann durch ein **Adverb** näher beschrieben werden
  z. B. **occasio librum recte legendi** *die Gelegenheit, das Buch richtig zu lesen*

Die Ergänzungen mit Objekt und Adverb zeigen, dass das Gerund im Lateinischen eine **Verbform** ist; ins Deutsche wird es aber häufig als ein Substantiv **(substantiviertes Verb)** übersetzt.

1 Schreibe aus den folgenden Wörtern die zehn heraus, bei denen es sich um ein Gerund handeln kann, bilde dazu den Infinitiv Präsens und übersetze ihn. Gib danach auch die Übersetzung zu den übrigen fünf Wörtern an.

agendi | comparandi | comprehendendi | loquendi | respondi | augendo | colendo | quando | redeundo | reprehendo[1] | dicendum | iucundum | nondum | putandum

Gerund	Infinitiv Präsens	Übersetzung

übrige Formen: ______________________

____

2 Übersetze die folgenden Wendungen mit Gerund ins Deutsche.

1 ars vivendi ______________________

2 paratus ad resistendum ______________________

3 iniurias ferendo ______________________

4 in redeundo ______________________

5 multas res recte gerendo ______________________

6 peritus regendi ______________________

7 occasio flumen transeundi ______________________

8 morandi causa ______________________

[1] **reprehendere** kritisieren

Neben dem Gerund existiert auch das Gerundiv, das sowohl **attributiv** (in Verbindung mit einem Substantiv) oder **prädikativ** (in Verbindung mit einem Verb) verwendet werden kann. Im Gegensatz zum Gerund gilt:

Das Gerundiv

- ist ein von einem Verb abgeleitetes Adjektiv (Verbal-Adjektiv),
- bildet **alle Endungen der a- und o-Deklination** (es wird also genauso dekliniert wie ein Adjektiv auf **-us, -a, -um**),
- hat als Adjektiv häufig ein **Bezugswort**,
- kann in **attributiver Verwendung** in denselben Zusammenhängen stehen wie das Gerund und wie folgt übersetzt werden:

Genitiv:	**occasio libri legendi**	*die Gelegenheit, das Buch zu lesen*
	libri legendi causā	*um das Buch zu lesen*
Akkusativ:	**ad librum legendum**	*zum Lesen des Buches, um das Buch zu lesen*
Dativ:	**libro legendo studere**	*sich beim / um das Lesen des Buches bemühen*
Ablativ:	**libro legendo**	*durch das Lesen des Buches*
	de libro legendo dicere	*über das Lesen des Buches sprechen*
	in libro legendo	*beim Lesen des Buches*

- bildet im Gegensatz zum Gerund auch Pluralformen:

ad libros legendos	*zum Lesen der Bücher, um Bücher zu lesen*
in libris legendis	*beim Lesen der Bücher*

3 Übersetze die folgenden Ausdrücke mit Gerundiv ins Deutsche.

1 ars vitae agendae ______

2 paratus ad urbem defendendam ______

3 iniuriis ferendis ______

4 in itinere faciendo ______

5 multis rebus gerendis ______

6 peritus urbis regendae ______

7 occasio fluminis transeundi ______

8 huius rei docendae causa ______

Gemeinsamkeiten und Unterschiede von Gerund und attributivem Gerundiv

Gerund	Gerundiv
Bildung	
-nd- + Singularendungen: Genitiv: **-i,** Akkusativ: **ad ... -um,** Ablativ: **-o**	**-nd-** + alle Endungen der a- und o-Deklination
Übersetzungsmöglichkeiten	
Genitiv: deutscher Genitiv, *zu* Dativ (nur Gerundiv): *bei, zu, für* Akkusativ (mit **ad**): *zum, (um) zu* Ablativ: *durch (nach* ***de****), über (nach* ***in****) beim*	
Verwendung	
mit Akkusativobjekt (das Gerund ist eine Verbform und kann kein Bezugswort haben) oder mit genauerer Bestimmung durch ein **Adverb**	**mit Bezugswort** (Übereinstimmung in Kasus, Numerus und Genus)

Überschneidungen im Gebrauch von Gerund und attributivem Gerundiv		
Gerund	**deutsch**	**Gerundiv**
consilium patriam relinquendi ↑______| wen?	*der Beschluss, die Heimat zu verlassen*	**consilium patriae relinquendae** |______↑ KNG
cupidus terram alienam videndi ↑______| wen?	*begierig, das fremde Land zu sehen*	**cupidus terrae alienae videndae** |______↑ KNG
scelus committendo ↑______| wen?	*durch das Begehen eines Verbrechens*	**scelere committendo** |______↑ KNG

4 Kreuze zu den folgenden Wendungen an, ob sie ein Gerund oder ein attributives Gerundiv enthalten. Markiere außerdem jeweils die zutreffenden Begründungen für deine Entscheidung. Übersetze die Wendung anschließend.

	Gerund	Gerundiv	Form nur im Gerundiv möglich	Gerund mit Objekt	Gerundiv mit Bezugswort
in hostibus arcendis _______________	☐	☐	☐	☐	☐
labores ferendo _______________	☐	☐	☐	☐	☐
consilium urbem condendi _______________	☐	☐	☐	☐	☐
ad haec faciendum _______________	☐	☐	☐	☐	☐
augendis rebus _______________	☐	☐	☐	☐	☐

5 Übersetze die Wendungen.

1 ars orationis faciendae _______________

2 cognoscendis causis _______________

3 cupidus rem publicam gerendi _______________

4 pecuniis repetendis _______________

5 rem dicendo _______________

Neben dem attributiven Gebrauch kann das Gerundiv auch prädikativ verwendet werden und hat dann eine ganz andere Bedeutung:

Das prädikative Gerundiv

- steht zumeist mit einer **Form von esse,**
- drückt dann aus, **dass etwas getan werden muss,**
- drückt in der Verneinung aus, **dass etwas nicht getan werden darf.**
  Entscheidend für die Bedeutung des prädikativen Gerundivs sind also die Aspekte **Notwendigkeit** und **Passiv:**
  Hic liber legendus est. *Dieses Buch muss gelesen werden / muss man lesen.*
  Quid est faciendum? *Was muss getan werden / muss man tun?*
- Die handelnde Person (also die Person, von der etwas getan werden muss/nicht getan werden darf) steht im **Dativ des Urhebers (*dativus auctoris,* S. 48).**
  Hic liber mihi legendus est. *Dieses Buch muss von mir gelesen werden / muss ich lesen.*
- So gibt es auch Sätze mit prädikativem Gerundiv und zwei Dativen:
  Ceteris populis Romanis parendum est. *Von den übrigen Völkern muss den Römern gehorcht werden. / Die übrigen Völker müssen den Römern gehorchen.*
- Das prädikative Gerundiv kann auch **unpersönlich** gebraucht werden. Dann steht es im **Neutrum Singular** (Endung: **-um**) und hat kein Substantiv, auf das es sich bezieht:
  Exspectandum est. *Es muss gewartet werden. / Man muss warten.*
  Mihi exspectandum est. *Es muss von mir gewartet werden. / Ich muss warten.*

6 Ein Römer berichtet von seiner gediegenen Ausbildung.

a Lies die Sätze vor dem Übersetzen durch und erschließe, von welchen Unterrichtsfächern hier gesprochen wird.

b Gib dann alle Ausdrücke an, die mit *nd*-Formen gebildet sind, und unterscheide sie nach *nd*-Form ohne *esse* (Gerund, attributives Gerundiv) und *nd*-Form mit *esse* (prädikatives Gerundiv). Übersetz zunächst die *nd*-Formen.

c Übersetze dann die Sätze.

1 Puer multum temporis consumpsi in litteris scribendis.

Unterrichtsfach: ______________________

nd-Form: ______________________

Übersetzung: ______________________

2 Et ars computandi[1] mihi discenda erat.

Unterrichtsfach: ____________________

nd-Form: ____________________

Übersetzung: ____________________

3 Adulescens magistro praeclaro audiendo grammaticae bene studui.

Unterrichtsfach: ____________________

nd-Form: ____________________

Übersetzung: ____________________

4 Tum pater dixit mihi in Graeciam eundum esse ad rhetoricam bene discendam.

Unterrichtsfach: ____________________

nd-Form: ____________________

Übersetzung: ____________________

7 Übersetze.

1 Hostes vincendi sunt.

____

2 Iniuria patienda non est.

____

3 Quid nobis statuendum est?

____

4 Deis gratiae maximae agendae sunt.

____

5 Isti labores mihi ferendi non sunt.

____

[1] **computāre** rechnen

6 Non est timendum.

7 Nobis pericula subeunda sunt.

8 Hamilcar, der Vater Hannibals, gibt seinem Sohn vor dem Aufbruch ins Heerlager nach Spanien Anweisungen. Übersetze.

1 Audi, verba mea, Hannibal: Filio verba patris semper audienda sunt!

2 Si mecum in Hispaniam ieris, multa pericula tibi suscipienda erunt.

3 Numquam tibi timendum est.

4 Nam timendo pericula non superantur, sed augentur.

5 Tibi hoc iurandum[1] est: „Numquam amicus, semper hostis Romanorum ero."

6 Nunc tibi res ad iter faciendum necessariae parandae sunt.

Häufig kommt das **prädikative Gerundiv** auch **im AcI** vor. Es

- steht mit dem Infinitiv **esse**,
- steht im Akkusativ, denn es bezieht sich auf den Subjektsakkusativ des AcI,
- erfordert dann zumeist eine Übersetzung des AcI mit *dass + müssen/dürfen:*
  Caesar hoc concedendum esse non putavit. *Caesar meinte, dass dies nicht erlaubt werden dürfe.*
- Oft fällt das Hilfsverb **esse** im AcI aus und muss zur Übersetzung ergänzt werden:
  Caesar hoc concedendum non putavit. *Caesar meinte, dass dies nicht erlaubt werden dürfe.*

[1] **iūrāre** schwören

9 Ergänze zu den Gerundivformen jeweils gedanklich *esse* und übersetze.

1 Caesar non exspectandum sibi statuit.

____

2 Caesar sibi de bello cogitandum putavit.

____

3 Fortunam non temptandam existimabant.

____

4 Hostes fugientes non retinendos constituit.

____

Das **prädikative Gerundiv** gibt es nicht nur in Verbindung mit Formen von **esse**, sondern auch **bei Verben des Gebens, Nehmens und Besorgens.**

- Es kann bei **dare, tradere, mittere, committere, relinquere, sumere, curare** stehen,
- es gibt einen Zweck an,
- es wird häufig mit zu übersetzt:
  Mihi librum legendum dedit. *Er gab mir das Buch zum Lesen.*
- Beim prädikativen Gerundiv wird **curare** mit lassen übersetzt:
  Caesar pontem faciendum curat. *Caesar lässt eine Brücke bauen.*

10 Setze die passende Gerundivform ein und übersetze die Sätze.

ducendas | instituendos | faciendum | legendas | servanda

1 Romani nobiles se _______________ magistris doctissimis commiserunt.

____

2 Caesar legato forti quattuor legiones _______________ dedit.

____

3 Caesar pontem in flumine _______________ curat.

____

4 Servus mihi litteras ______________________ tradidit.

5 Res publica consulibus ______________________ permissa est.

11 Vergleiche im Wörterbuch die verschiedenen Bedeutungen von *curare* und übersetze die folgenden Sätze.

1 Nihil omnino curo.

2 Cura, ut valeas!

3 Medicus morbum curavit.

4 Caesar murum altum faciendum curavit.

12 Bestimme, welches Phänomen in den folgenden Sätzen vorkommt. Verwende dazu die folgenden Abkürzungen: Gerund: G, attributives Gerundiv: aGv, prädikatives Gerundiv mit esse: pGv, prädikatives Gerundiv im AcI: pGvAcI, prädikatives Gerundiv nach Verben des Gebens usw.: pGvV. Übersetze anschließend.

1 Caesar bellum in Gallia gerendum constituit.

2 De fide sociorum dubitandum non est.

3 Post victoriam imperator Fortunae gratias agendas dixit.

4 Hostibus victis finis pugnandi factus est.

5 Imperator illos, qui arma non habuerunt, armandos[1] curavit.

6 Vercingetorix pontem delendum curavit.

7 Haec est facultas bene rei gerendae.

8 Caeser celerrimus fuit in hostibus vincendis.

9 In summo periculo auxilium petendum videtur.

10 Legatus Caesarem per nuntios certiorem facit, quid faciendum existimet.

[1] **armāre** bewaffnen